Dankeschön!

Für die freundliche Unterstützung bedanken wir uns herzlich bei Anja Gottwald, einer der Initiatorinnen des Projektes NawiKi an der Universität Hamburg und seit drei Jahren selbst in Kitas und Grundschulen experimentierend, den Kindern des Kindergartens „Mäuseburg" in Osterby mit dem Erzieher Marco Lemke und bei Magrit Parchwitz, Waldpädagogin, die gerne mit Kindern experimentiert und mit ihnen neugierig naturwissenschaftlichen Fragen auf den Grund geht.

Die Experimente in diesem Buch sind von der Autorin und vom Verlag sorgfältig ausgewählt und geprüft. Dennoch kann keine Garantie übernommen werden. Eine Haftung der Autorin bzw. des Verlags und seiner Beauftragten für Personen-, Sach- und Vermögensschäden ist ausgeschlossen.

2. Auflage 2009

© 2008 Esslinger Verlag J.F. Schreiber
Anschrift: Postfach 10 03 25, 73703 Esslingen
www.esslinger-verlag.de
Alle Rechte vorbehalten
Text: Ruth Gellersen
Illustration: Ulrich Velte
Redaktion: Larissa Leibrock
Layout und Satz: Jenny Alber
ISBN 978-3-480-22337-4

Richtig clever!

Experimente rund um die Farben

Ruth Gellersen · Ulrich Velte

esslinger

Vorwort

Liebe Eltern,

Kinder forschen und entdecken – den ganzen Tag!
Gerade in den ersten Lebensjahren gehören für Kinder viele Dinge, die für Erwachsene ganz selbstverständlich sind, in die Welt der Experimente. So werden schon beim Zuknöpfen der eigenen Jacke oder beim Füllen eines Messbechers wichtige Erfahrungen gesammelt. Experimente müssen also nicht immer gleich knallen und zischen.

Forschen Sie gemeinsam mit ihrem Kind. Ermutigen Sie es, Fragen zu stellen, sich zu wundern und neue Dinge auszuprobieren. Denn es geht nicht um eine perfekte Ausführung der Experimente. Viel wichtiger ist, ihr Kind beim Entdecken seiner Umwelt zu unterstützen. Ohne vorgefertigte Antworten und Lösungsvorschläge, sondern mit viel Neugier, Zeit und Interesse.

In diesem Buch finden Sie Experimente:

▶ Für Einsteiger
▶ Für Fortgeschrittene
▶ Für Profis

Je nach Entwicklungsstand und Alter Ihres Kindes.

Die klaren Schritt-für-Schritt-Anleitungen erleichtern Ihrem Kind und Ihnen den Aufbau und die Durchführung der Experimente.
In den farbigen Kästen finden Sie kurze naturwissenschaftliche Erklärungen, Spielanleitungen, Sachtexte und Ideen rund um das jeweilige Experiment.

Viel Spaß beim gemeinsamen Experimentieren wünscht

Ruth Gellersen

Ruth Gellersen

Hallo Forscher!

Wie änderst du die Farbe einer funkelnden neuen Kupfermünze? Was passiert, wenn du farbiges Krepppapier in ein Glas Wasser tauchst? Und wie sieht deine Umgebung aus, wenn du durch eine rosarote Brille schaust?

In diesem Buch erfährst du auch, wie du ein weißes T-Shirt einzigartig färbst und wie du immer wieder neue Bilder in einem Kaleidoskop entdeckst.

Die allermeisten Experimente kannst du alleine machen. Wenn du dieses Bild siehst, experimentierst du am besten gemeinsam mit deinen Freunden.

Viele Zutaten findest du bei euch zu Hause – so kannst du gleich anfangen zu experimentieren.

Besonders spannend wird es oft dann, wenn ein Experiment nicht so klappt wie beschrieben oder wie du es dir vorgestellt hast. Forsche dann doch einfach mal weiter – bestimmt entdeckst du noch viele andere tolle Dinge.

Viel Spaß beim Forschen und Experimentieren wünscht dir deine Entdecker-Eule

Agathe

Inhaltsverzeichnis

9

Farbkleckse

Für Einsteiger

Aus einem dicken Farbpunkt wird ein seltsam geformter, großer Stern. Wie geht das?

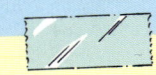

Du brauchst:

- einen weißen Kaffeefilter
- Filzstifte
- einen Pinsel
- etwas Wasser

Male mit einem Filzstift einen dicken Punkt auf den Kaffeefilter.

Tauche den Pinsel in das Wasser und gib einen kleinen Tropfen auf den farbigen Punkt. Was passiert?

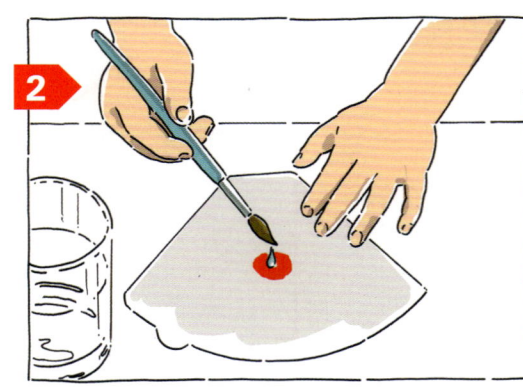

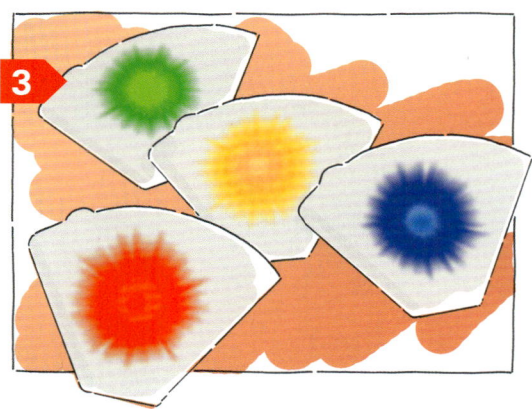

3

Nimm unterschiedliche Filzstiftfarben – wie unterscheiden sich dann die Farbkleckse?

??? **Was passiert?**

Du kannst sehen, wie sich das Wasser mit der Farbe sternförmig nach allen Seiten ausbreitet. Vor allem bei den dunklen Farben kannst du beobachten, dass sie sich in ihre Bestandteile aufteilen. Das liegt daran, dass die Farbteilchen unterschiedlich groß sind: Die großen Farbteilchen bleiben in den feinen Filterpapierröhren früher hängen, als die kleinen. Diese werden mit dem Wasser weiter mitgezogen.

Was sehen Bienen?

Nicht alle Tiere sehen Farben so wie Menschen. Schnecken und Regenwürmer können zum Beispiel nur hell und dunkel voneinander unterscheiden. Hunde und Bienen können die Farbe Rot nicht erkennen. Ein Schmetterling sieht dagegen sogar das für uns unsichtbare ultraviolette Licht. Viele Tiere haben viel schärfere Augen als jeder Mensch, wie beispielsweise die Greifvögel, die noch aus großer Entfernung winzig kleine Details erspähen.

Gut gemischt?

Du brauchst:

- Krepppapier
- zwei Gläser
  mit Deckel
- Wasser
- einen Löffel
- ein Küchensieb
- Salatöl

Mischst du gelben Orangensaft mit rotem Kirschsaft, wird der Fruchtsaft orangefarben. Was passiert, wenn du gelbes Öl und Wasser verrührst?

Reiße das Krepppapier in Streifen und lege diese in ein Glas.

Fülle das Glas mit Wasser und rühre so lange, bis du eine farbige Flüssigkeit erhältst. Du kannst es auch mit dem Deckel verschließen und kräftig schütteln.

Gieße das gefärbte Wasser durch das Küchensieb in das zweite Glas, bis dieses halb voll ist.

4

Gieße nun Salatöl hinzu.

5

Schüttle das Glas oder rühre die Flüssigkeit darin kräftig um. Was passiert?

??? ► **Warum ist das so?**

Öl ist leichter als Wasser. Deshalb steigt es im Glas nach oben und schwimmt über dem schwereren Wasser. Wasser und Öl vermischen sich nicht. Du kannst die beiden Flüssigkeiten gut voneinander unterscheiden.

... noch mehr Spaß!

Hast du schon einmal einen Ki-Ba-Saft getrunken? Du kannst ihn dir ganz leicht selbst zubereiten. Fülle Kirschsaft in ein hohes Glas. Kippe das Glas ein wenig seitlich und gieße dann langsam Bananensaft am Rand hinzu. Siehst du, wie sich die beiden Säfte vermischen? Dabei entstehen tolle Farbmuster. Schneide eine Scheibe von einer Banane und ritze diese noch einmal bis zur Mitte ein. Verziere den Rand des Glases mit der Bananenscheibe und stecke einen Strohhalm ins Glas. Fertig ist ein leckeres Kirsch-Bananen-Saftgetränk!

Klasse Kartoffeln

Für Profis

Aus Kartoffeln kannst du viele leckere Gerichte kochen, zum Beispiel Kartoffelpuffer oder Kartoffelbrei. Aber Kartoffeln können noch viel mehr!

Du brauchst:

- Kartoffeln
- ein Messer
- einen Stift
- Wasserfarben oder Fingerfarben
- einen Pinsel
- einen großen Bogen Packpapier

Schneide die Kartoffeln mit einem Messer in zwei Hälften. Lass dir dabei von einem Erwachsenen helfen.

Zeichne eine Form auf die Kartoffelhälfte. Schneide die Ränder um die Form weg, sodass diese hervorsteht.

Bestreiche dann die Formen in verschiedenen Farben.

4

Drücke die Kartoffelformen fest auf die Papierunterlage. Kannst du aus den verschiedenen Formen und Farben ein großes Bild drucken?

??? ▶ Warum ist das so?

Die Formen der Kartoffelhälften erscheinen auf dem Papier, wenn du sie zuvor mit Farbe bestrichen hast. Kartoffeln eignen sich besonders gut zum Drucken, denn sie lassen sich gut zurechtschneiden. Die Oberfläche der Kartoffel ist glatt. So überträgt sie die Farbe gut auf dein Papier. Du kannst auch probieren, mit einem Apfel, einem Schwamm oder einem Stück Holz zu drucken.

Tolle Knolle

Die Kartoffel stammt ursprünglich aus Südamerika. Die spanischen Eroberer brachten die Kartoffelpflanze im 16. Jahrhundert nach Spanien. Von dort aus verbreitete sie sich nach und nach in ganz Europa und zählt dort heute zu den wichtigsten Nahrungsmitteln. Welche Kartoffelgerichte magst du am liebsten? Kartoffelbrei, Kartoffelsalat oder Kartoffeln mit Quark? Bestimmt kennst du noch viele andere Kartoffelrezepte!

Die Welt der Farben

Farben haben einen großen Einfluss auf viele Bereiche unseres Lebens, wie zum Beispiel unser Zuhause, unsere Kleidung oder wie wir uns fühlen.

▶ Mit Farben spielen

Um die Wirkung der verschiedenen Farben bei dir selbst auszuprobieren, kannst du in deinem Kinderzimmer farbige Stofftücher aufhängen. Oder du bemalst große Papierblätter in einer Farbe und hängst sie an die Wand. Wie fühlst du dich in einem Zimmer mit ganz viel roter Farbe? Und wie ist es, wenn Grün, Blau oder Gelb überwiegen? Frag auch einmal deine Freunde, wie sie die Farben empfinden. Geht es ihnen ähnlich wie dir oder fühlen sie sich zwischen ganz anderen Farbtönen wohl?

▶ Hast du eine Lieblingsfarbe?

Viele Menschen mögen bestimmte Farben besonders gern, andere Farbtöne dagegen weniger. Manche haben auch Lieblingsfarben, mit denen sie sich bevorzugt umgeben. Welche Farbe das ist, hängt von vielen Dingen ab, zum Beispiel der Stimmung, in der sich ein Mensch gerade befindet, seinem Alter und der Persönlichkeit. Die Lieblingsfarben können sich auch immer wieder ändern. Welche Farbe magst du gerade besonders gern?

Lila Spaghetti

Auch beim Essen beeinflussen uns Farben. Je nachdem, wie wir ein Nahrungsmittel kennen, wundern wir uns, wenn es plötzlich eine andere Farbe hat. Du kannst das einmal ausprobieren, indem du Kartoffeln oder Spaghetti mit Lebensmittelfarbe färbst. Der Geschmack ändert sich dadurch nicht, aber häufig unser Appetit ...

Farben in aller Welt

Die Farbe Weiß wird bei uns gern zur Hochzeit getragen – in fernöstlichen Ländern ist Weiß dagegen die Farbe der Trauer und des Todes. Mit der Farbe Grün verbinden viele Menschen Hoffnung und Leben. Rot signalisiert Kraft und Stärke und gilt in China auch als Glücksfarbe. Was Farben bewirken oder wofür sie stehen ist ganz unterschiedlich, je nachdem, in welchem Land, Kulturkreis und in welcher Zeit wir uns befinden. Die Bedeutungen der Farben sind gar nicht so einfach. Häufig reichen einige kurze Beschreibungen nicht aus, um die Wirkung einer Farbe richtig zu verstehen.

Farbenkarussell

Wie ein buntes Karussell dreht sich dieser Farbkreisel um sich selbst und die Farben laufen wild durcheinander ...

Du brauchst:

- ein Glas
  (Ø ca. 8 – 10 cm)
- eine Schere
- etwas Pappe
- Stifte oder
  Wasserfarben
  mit Pinsel
- einen Holzspieß

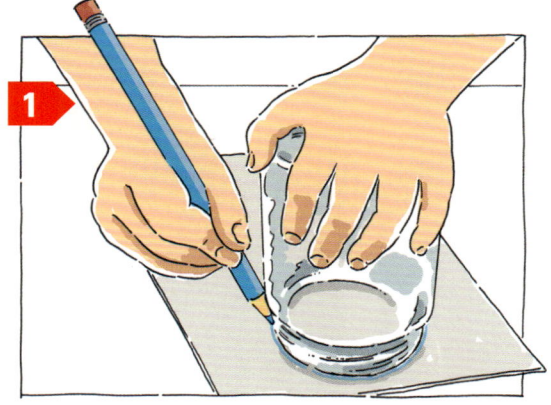

1

Stelle das Glas mit der Öffnung nach unten auf die Pappe und zeichne seinen Umriss nach.

Schneide den Pappkreis aus und male ihn mit Stiften oder Wasserfarben bunt an.

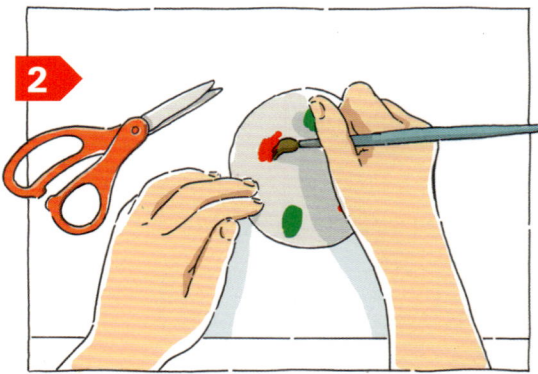

2

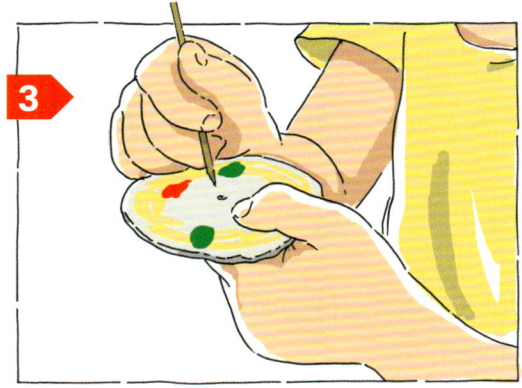

3 Stecke den Holzspieß durch die Mitte des Kreises. Unten sollte der Spieß höchstens einen halben Zentimeter herausgucken. Das Bild zeigt nach oben.

4 Halte den Spieß zwischen den Fingern und drehe den Farbenkreisel. Schau auf die bunte Bemalung. Sie sieht plötzlich ganz anders aus.

??? ► Warum ist das so?

Wenn du den Kreisel ganz schnell drehst, können deine Augen der Bewegung nicht mehr folgen. An der Bemalung verändert sich nichts – aber trotzdem sieht es für dich so aus, als würden die Farben ineinanderlaufen. Wird der Kreisel langsamer, kann das Auge die einzelnen Felder wieder unterscheiden und du erkennst, welche Muster du gemalt hast.

Bewegte Bilder

Bei einem Daumenkino blätterst du mit dem Daumen alle Seiten eines kleinen Buches ganz schnell hintereinander weg. Weil dein Auge nicht so schnell schauen kann wie du blätterst, siehst du plötzlich ein sich bewegendes Bild. Aus den vielen Bildern entsteht eine zusammenhängende Bildfolge, die eine kleine Geschichte erzählt. So kannst du deinen eigenen Film in der Hosentasche tragen und jederzeit anschauen.

Flotte Farbwirbel

Für Einsteiger

Du brauchst:

- ein Glas
- Wasser
- einen Wasser-farbenkasten
- einen Pinsel

Mit einigen Tropfen Farbe entstehen im Wasserglas tolle Formen, die jedes Mal ein wenig anders aussehen. Greif zum Pinsel und leg los!

1

Stelle das Glas auf den Tisch und fülle es mit Wasser.

2

Rühre eine der Wasserfarben an.

3

Tropfe etwas Farbe in das Wasserglas oder tauche den Pinsel kurz hinein.

4

Betrachte das Glas aus der Nähe. Siehst du, wie sich die Farbe im Wasser bewegt?

??? ▶ **Was passiert?**

Das Wasser im Glas ist fortwährend in Bewegung, auch wenn du es nicht siehst. Durch die Strömungen im Wasser wirbeln die Farbpigmente im Kreis herum. Sie bilden unterschiedliche Formen, Linien und Figuren und sinken teilweise auch nach unten. Nach einiger Zeit verblassen die Farbwirbel im Wasser: Farbe und Wasser vermischen sich, sodass die Flüssigkeit überall gleichmäßig gefärbt ist.

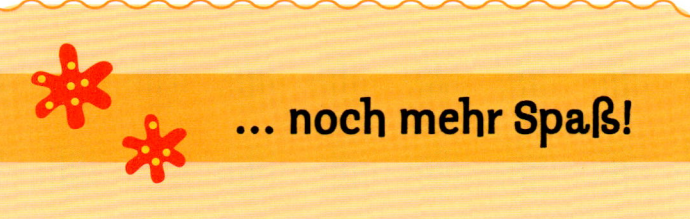

... noch mehr Spaß!

Zeichne eine lange gewundene Schlange auf Packpapier und schneide sie aus. Unterteile die Schlange in einzelne Felder oder zeichne ihr viele Schuppen auf den Rücken. Mische dann mit Wasserfarben so viele verschiedene Farbtöne an, wie du kannst. Male jedes Feld oder jede Schuppe in einer anderen Farbe an. Die schillernde Schlange kannst du bei dir im Kinderzimmer aufhängen.

Alte Münzen

Du brauchst:

- ein Stofftuch
- eine Schale mit Essig
- eine glänzende Cent-Münze

Mit einem Trick lässt du eine funkelnde neue Münze so aussehen, als hätte sie lange in einer Schatztruhe gelegen. Wie geht das?

1

Tauche das Stofftuch in den Essig und drücke es kräftig aus.

Wickle die Münze in den feuchten Stoff. Jetzt brauchst du ein wenig Geduld: Lass die Münze etwa zwei Stunden im Stoff eingewickelt.

2

3

Schlage das Tuch auf und hole die Münze hervor. Wie sieht sie nun aus?

??? **Warum ist das so?**

Cent-Münzen, aber auch viele Kirchturmdächer und Regenrinnen bestehen unter anderem aus dem rötlichen Metall Kupfer. Dieses wird durch den Sauerstoff, der im Essig enthalten ist, recht schnell zu Kupferoxid. Wegen seiner grünen Farbe heißt Kupferoxid auch Grünspan. Und diesen siehst du auf der verfärbten Münze.

Verfärbte Metalle

Nicht nur das rötlich schimmernde Kupfer kann sich grün verfärben. Auch andere Metalle verändern sich im Laufe der Zeit. Glänzendes Silber, zum Beispiel Löffel oder Schmuck, verfärbt sich schwarz. Die Eisenteile eines Fahrrads, das du in einen feuchten Keller oder in den Regen stellst, verfärben sich allmählich rötlich-braun – wir sagen dann, es rostet. Rost bildet sich zusammen mit Wasser und Sauerstoff auf Eisen oder Stahl.

Getäuscht!

Du zeichnest einen farbigen Ring und er sieht immer gleich aus. Oder? Zeig den Ring deinen Freunden – lassen sie sich in die Irre führen?

Du brauchst:

- weißes Papier
- Stifte
- ein kleines Glas (oder einen Deckel)
- ein größeres Glas
-

1

Falte ein Blatt Papier in der Breite und klappe es wieder auseinander. Nun hast du zwei Hälften.

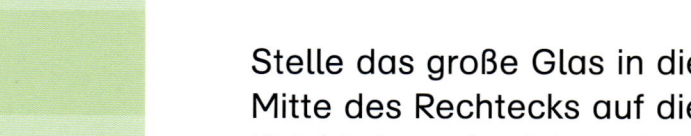

2

Stelle das große Glas in die Mitte des Rechtecks auf die Knicklinie und zeichne den Kreis nach.

3

Lege dann den kleinen Deckel mittig in den Kreis. Zeichne seinen Umriss nach – so entsteht ein gleichmäßiger Ring.

Male den Ring grau, die linke Seite des Papiers gelb und die rechte Seite blau an. Lege einen Stift zwischen die beiden Hälften.

Zeige den Farbring deinen Freunden. Können Sie einen Unterschied in der Farbe des Rings erkennen? Was verändert sich für sie, wenn du den Stift wieder wegnimmst?

??? ▶ Was passiert?

Der Farbring ist überall gleich grau, so wie du ihn angemalt hast. Durch den Stift lassen sich deine Augen jedoch täuschen. Sie nehmen den Ring unterschiedlich hell (gelb) oder dunkel (blau) wahr. Entfernst du den Stift wieder, verschwindet dieser Eindruck und der Ring sieht wieder einheitlich grau aus.

... noch mehr Spaß!

Kennst du schon diese optische Täuschung? Strecke die Zeigefinger aus und halte die Fingerspitzen aneinander. Richte deinen Blick nun in die Ferne hinter deine Finger und führe währenddessen die „Zeigefinger-Brücke" langsam und gerade an deine Augen heran. Siehst du es? In der Mitte bildet sich ein einzelnes Brückenstück. Wenn du die Finger langsam voneinander löst, schwebt es in der Luft, ohne die Brücke zu berühren. Repariere die Brücke, indem du deine Finger wieder zusammenführst.

An die Farben, fertig, los!

Es gibt viele verschiedene Möglichkeiten, mit Farben zu experimentieren. Probiere doch mal aus, was dir am besten gefällt!

Malen – nicht nur auf Papier

Verwende einmal andere Malunterlagen: Du kannst zum Beispiel ein Fenster, ein Holzbrett, Asphaltboden oder eine alte Raufasertapete bemalen. Welche Unterschiede bemerkst du dabei? Finde heraus, welcher Untergrund die Farben besonders gut annimmt und welche Strukturen du auf den unterschiedlichen Malunterlagen erkennen kannst.

Mit den Fingern malen

Statt mit dem Pinsel kannst du auch mit deinen Fingern malen. Wie fühlt sich dann deine Malunterlage an? Malst du auf rauem, unregelmäßigem oder auf ganz glattem Papier? Du kannst mit den Fingerspitzen kleine Punkte auf das Papier tupfen oder mit den Handflächen große Farbkreise ziehen. Male auch mit den Füßen: Mit welchem Zeh klappt das am besten?

Starke Stoffbilder

Auf einem alten weißen Bettlaken kannst du mit Stofffarbe ein riesiges Bild malen, zum Beispiel ein Schloss oder einen großen Baum. Mit so einem Stoffgemälde kannst du viele Dinge machen: Lege es über dein Bett, hänge es vor ein Fenster oder baue eine Höhle daraus.

Im Freien malen

Hast du schon einmal ein Sandbild gemacht? Dafür brauchst du Tonpapier, Sand und Klebstoff. „Male" mit dem Klebstoff etwas auf das Tonpapier. Du kannst auch eine größere Fläche damit bestreichen. Streue Sand auf das Papier, sodass alle Klebstoffflächen damit bedeckt sind. Lass das Bild gut trocknen und klopfe es anschließend leicht ab, damit der überschüssige Sand herabfällt. Jetzt kannst du das Sandbild aufhängen oder aufstellen.

Körperbemalung

Schon immer haben Menschen auch ihren eigenen Körper bemalt, zum Beispiel bei besonderen Festen, um Heilbehandlungen zu unterstützen oder um sich zu schmücken. Bei der Körperbemalung werden die Farben direkt auf den Körper aufgetragen. Manche Farben halten nur wenige Stunden, andere, wie beispielsweise Henna, sogar mehrere Wochen. Beim Tätowieren wird Farbe über Nadeln direkt auf die Haut gestochen. Dieser Körperschmuck bleibt für immer auf der Haut. Du kannst dich auch selbst anmalen, zum Beispiel mit Kinderschminke – nicht nur an Fasching!

Unterwasser-Wolken

Du brauchst:

- ein Stövchen
- ein Teelicht
- Wasser
- eine Glaskanne (feuerfest)
- ein bis zwei dunkle Tintenpatronen

Bestimmt hast du schon oft die Wolken am Himmel beobachtet. Aber hast du auch schon einmal Wolken unter Wasser gesehen?

Zünde das Teelicht im Stövchen an. Lass dir dabei von einem Erwachsenen helfen.

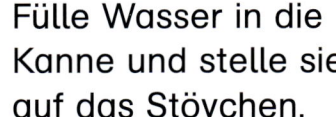

Fülle Wasser in die Kanne und stelle sie auf das Stövchen.

Tropfe die Tinte in das Wasser. Nun brauchst du etwas Geduld.

4

Beobachte, wie sich die Tinte im Wasser verteilt.

Wolken bestehen aus vielen, sehr kleinen Wassertropfen oder Eiskristallen, die am Himmel schweben. Wenn du dich ins Gras legst und sie vorüberziehen siehst, kannst du beobachten, dass es unendlich viele Formen von Wolken gibt. Je nachdem wie der Wind bläst, formt er auch die Wolken. Was erkennst du? Vielleicht einen Elefanten, ein Gesicht, ein großes Schloss oder etwas ganz anderes?

??? Warum ist das so?

Die Tinte sinkt zunächst auf den Grund des Gefäßes und verteilt sich dann im Glas. Durch die Wärme der Kerzenflamme wird die Tinte erhitzt. Sie steigt nach oben und bildet ungleichmäßige Wolken und Kringel. Diese Formen entstehen durch die kleinen Strömungen des Wassers im Glas.

Gefärbtes Wasser

Du brauchst:

- große Gläser oder Plastikbehälter
- Wasser
- Krepppapier in verschiedenen Farben
- einen Löffel
- einen Teller

Krepppapier eignet sich gut zum Basteln. Was kannst du noch damit machen?

1 Fülle die Gläser mit Wasser und stelle sie auf den Tisch. Das Krepppapier reißt du in kleine Streifen.

Lege die Krepppapierstreifen in ein Glas und rühre sie kräftig um.

2

Nimm das Krepppapier aus dem Wasser und lege es auf den Teller: Was erkennst du?

Färbe jedes Wasserglas mit einer anderen Farbe oder lege verschiedenfarbige Krepppapierstreifen in das gleiche Glas. Was passiert dann?

Die Farbe des Krepppapiers ist wasserlöslich. Sie löst sich beim Umrühren im Wasser und färbt das Wasser bunt. Holst du das Krepppapier anschließend aus dem Wasser, ist es ganz blass und farblos. Legst du verschiedenfarbiges Papier ins Wasser, entstehen neue Farbmischungen.

... noch mehr Spaß!

Aus Krepppapier kannst du tolle Sachen basteln. Zum Beispiel eine Löwenmaske: Schneide aus Tonpapier einen Kreis mit Öffnungen für Augen, Nase und Mund aus. Reiße gelbes Krepppapier in lange Streifen und klebe diese als Löwenmähne rund um die Maske.

Oder du reibst mit feuchtem Krepppapier über ein Blatt Papier – so entstehen tolle Muster. Du kannst auch Kugeln aus Krepppapier formen und diese wie einen Teppich auf ein großes Bild kleben. Was fällt dir noch alles ein?

Siehst du rosarot?

Für Fortgeschrittene

Bei diesem Experiment kannst du die Welt um dich herum in verschiedenen Farben wahrnehmen – je nachdem, durch welche Brille du schaust ...

Du brauchst:

- schwarzes Tonpapier
- eine Schere
- farbiges Transparentpapier
- Klebestreifen

Zeichne die Form einer Brille in der Größe deines Kopfes auf schwarzes Tonpapier und schneide sie aus.

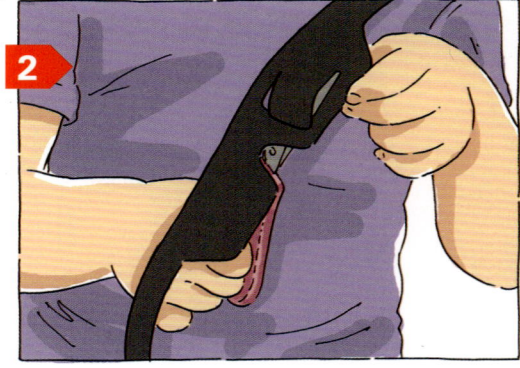

Schneide zwei Gucklöcher für die Augen in die Brille.

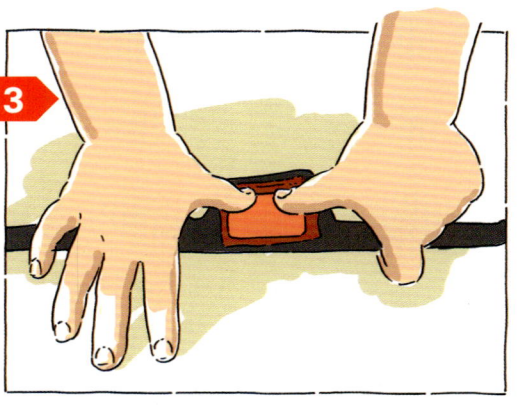

Befestige ein Stück farbiges Transparentpapier mit Klebestreifen hinter jedem Fenster.

Knicke die Bügel der Brille nach hinten um.

Setze die Brille auf und schau dich um: Wie sieht deine Umgebung nun aus? Klebe auch Transparentpapier in anderen Farben hinter deine Brille. Welche Unterschiede bemerkst du?

??? ▶ **Was passiert?**

Die Farben des Transparentpapiers beeinflussen, in welchen Farben du deine Umgebung siehst. Dabei merkst du, dass die Farben unterschiedlich wirken. Leuchtende Farben heben die Stimmung – alles sieht hell und freundlich aus. Dunkle Farben lassen deine Umgebung dagegen schnell düster und bedrückend wirken.

Bunte Sprache

Farben sind nicht nur überall um uns herum – sie spielen auch eine wichtige Rolle in unserer Sprache. Wir sehen rot – und sind richtig wütend. Wir können uns auch schwarzärgern. Wenn wir schwindeln, erzählen wir das Blaue vom Himmel herunter. Wenn wir schwarz-sehen, sind wir sehr betrübt, ebenso wenn die Welt um uns herum grau in grau ist. Dann fahren wir am besten ins Grüne, hinaus in die Natur, bevor wir noch ganz gelb werden vor Neid ...

Bunte Stoffmuster

Für Profis

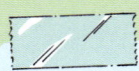

Du brauchst:

- Gummihandschuhe
- ein weißes T-Shirt (vorher gewaschen)
- Schnur
- Batikfarbe (aus dem Bastelgeschäft)
- etwas Salz
- einen alten Eimer
- Wasser (heiß und kalt)
- einen langen Holzlöffel
- alte Kleidung

„Batik" ist eine sehr alte Kunst aus Indonesien, Stoffe zu färben. Bei diesem Experiment kannst du selbst batiken und einzigartige Farbmuster entstehen lassen.

1

Beim Batiken trägst du am besten alte Kleidung und Handschuhe. Umwickle einzelne Stoffzipfel des weißen T-Shirts mit Schnur und knote die Bänder jeweils gut fest.

Rühre die Batikfarbe mit heißem Wasser und Kochsalz an, wie auf der Anleitung beschrieben. Lass dir dabei von einem Erwachsenen helfen.

2

Feuchte das T-Shirt mit Wasser an und lege es in die etwas abgekühlte Farbe. Es dauert etwas, bis das T-Shirt die Farbe angenommen hat. Rühre die Farbe immer mal wieder um.

3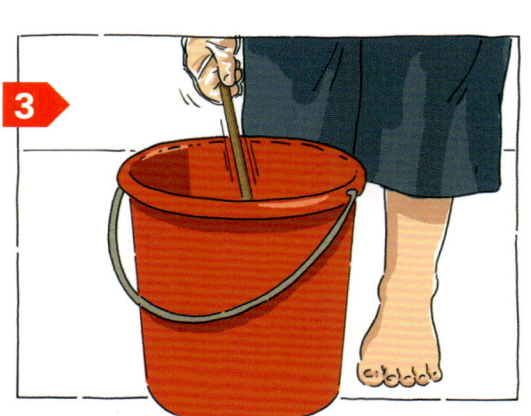

Nimm das T-Shirt dann aus dem Farbeimer und spüle es gut mit kaltem Wasser aus.

Entferne die Schnüre und spüle das T-Shirt noch einmal aus. Breite den Stoff aus und schau die Muster an, die beim Batiken entstanden sind.

 **??? Was passiert?**

Die Farbe färbt das T-Shirt recht gleichmäßig. Nur dort, wo der Stoff mit der Schnur fest abgebunden ist, erreicht die Farbe den weißen Stoff nicht oder nur ganz wenig. So entstehen die unregelmäßigen, einzigartigen weißen Muster auf dem T-Shirt.

... noch mehr Spaß!

Die Batikfarbe hält länger, wenn du den Stoff nach dem Färben noch mit einem Fixiermittel (z.B. aus dem Bastelgeschäft) haltbar machst. Zum Färben verwendest du am besten T-Shirts oder Stofftücher aus Baumwolle. Du kannst auch Batikfarben mischen, zum Beispiel aus Blau und Gelb grüne Farbe erstellen, oder den Stoff in verschiedenen Farbtönen einfärben. Experimentiere auch mit anderen Materialien: Binde Knöpfe, Steine oder Blätter in den Stoff ein — sie ergeben interessante Farbmuster.

Höhlenbilder

Seit Urzeiten drücken Menschen ihre Gedanken, Erlebnisse und Gefühle durch Bilder aus.

Wie wurde gemalt?

Einige Künstler ritzten ihre Zeichnungen in Felsen. Andere zeichneten mit Holzkohle, Ocker, Pflanzensäften oder verschiedenen Steinen. Manche Farben wurden zu Pulver zerstampft und mit Wasser oder anderen Flüssigkeiten vermischt. Die unterschiedlichen Farbtöne wurden mit den Fingern oder Pinseln aus Tierhaaren aufgetragen. Bei einer anderen Technik wurde die Farbe durch einen dünnen Röhrenknochen auf die Wand gesprüht.

Bilder im Fels

Bereits in der Steinzeit schufen Menschen prächtige Gemälde. Noch heute können wir einige davon an den Wänden und Decken von Höhlen oder an Felswänden bewundern. Zu den bekanntesten Bildern gehören zum Beispiel die Deckenmalereien in Altamira. In dieser spanischen Höhle entstanden die Abbildungen vieler verschiedener Tiere der Altsteinzeit, wie Bisons oder Hirschkühe. Auch in der Höhle von Lascaux in Frankreich finden sich eindrucksvolle Gravierungen und Wandmalereien, ebenso wie an vielen weiteren Orten überall auf der Erde.

▶ Hand drauf

Auf manchen Felswänden kannst du auch die Abdrücke von Händen erkennen. Es gibt direkte Abdrücke von Händen, aber auch deren Negativbilder. Diese entstanden, indem eine Hand auf die Felswand gelegt wurde und um die Hand herum Farbe aufgetragen wurde.

▶ Galoppierende Pferde

Die urzeitlichen Malereien an den Felswänden zeigen ganz unterschiedliche Motive. Häufig sind es Tiere, wie zum Beispiel Pferde, Rinder und Hirsche. Manchmal sind Figuren und Menschen zu erkennen. Es gibt aber auch viele Symbole und Zeichen, deren genaue Bedeutung wir nur vermuten können.

▶ Wie alt sind die Bilder?

Viele der Felsmalereien sind schon sehr alt. Einige wurden vor etwa 15 000 bis 18 000 Jahren angefertigt, andere sind schon bis zu 35 000 Jahre alt!

Buntes Wasserlicht

Für Einsteiger

Du brauchst:

- ein einfaches Glas
- etwas Wasser
- ein weißes
  Blatt Papier
  (DIN A4)
- einen sonnigen Tag

Einen Regenbogen siehst du, wenn es gleichzeitig regnet und die Sonne scheint. Bei diesem Experiment kannst du die Farben des Regenbogens sichtbar machen ...

1 Fülle das Glas halbvoll mit Wasser.

Lege das Papier auf einen Platz in der Sonne.

2

Halte das Glas über das Papier, sodass es sich direkt im Sonnenlicht befindet. Zwischen Papier und Glas sind etwa ein bis zwei Handbreit Platz. Siehst du nun die farbigen Lichtstreifen auf dem Papier?

??? ▶ Was passiert?

Licht ist nicht durchsichtig, sondern besteht aus verschiedenen Farben: Rot, Orange, Gelb, Grün, Blau und Violett. Wenn das Sonnenlicht auf das Wasser im Glas trifft, wird es in die verschiedenen Farben aufgeteilt. Du kannst einen kleinen Regenbogen auf dem Papier erkennen.

Doppelt sehen!

Am Himmel siehst du manchmal nicht nur einen Regenbogen, sondern sogar zwei: Über dem gut erkennbaren Regenbogen erscheint dann ein zweiter, etwas schwächerer. Die Farben des zweiten Regenbogens verlaufen genau umgekehrt wie die des ersten, also zuerst Violett, dann Blau, Grün, Gelb, Orange und ganz unten Rot. Auch in Seifenblasen, die in der Sonne schillern, kannst du die Farben des Regenbogens erkennen, ebenso wie in einer von der Sonne beschienenen Wasserlache, auf der Öl schwimmt.

Blau + Gelb = ?

Für Einsteiger

Du brauchst:

- ein altes Hemd als Malerkittel
- Zeitungspapier zum Unterlegen
- ein großes, abwaschbares Tablett
- drei kleine Plastiklöffel
- blaue, rote, gelbe Fingerfarbe

In deinem Malkasten gibt es viele Farbtöne.
Aber eigentlich brauchst du nur drei Farben.
Die anderen mischst du einfach selbst ...

Ziehe den Malerkittel an und lege dir aus Zeitungspapier eine Unterlage für das Tablett.

Gib mit den Löffeln etwas rote, gelbe und blaue Farbe auf das Tablett.

Tauche deine Finger in zwei Farbkleckse und vermische die beiden Farben auf dem Tablett. Welche neue Farbe entsteht?

4

Mische die Farben so lange, bis du verschiedene Farbtöne auf dem Tablett hast. Wie entsteht Grün? Und wie bekommst du violette Farbe?

??? ▶ Was passiert?

Gelb, Rot und Blau – das sind die Grundfarben aus denen du alle anderen Farben mischen kannst. Aus Blau und Rot entsteht Violett, aus Gelb und Blau Grün. Je nachdem, wie viel du von einer Farbe verwendest, verändert sich auch der Farbton. Verwendest du viel gelbe Farbe und wenig blaue, wird das Grün ganz hell. Nimmst du mehr blaue Farbe und weniger gelbe, wird das Grün dunkler.

... noch mehr Spaß!

Mit Fingerfarben kannst du gut die Abdrücke deiner Hände und Füße stempeln. Das geht am besten an einem warmen Sommertag im Freien. Lege Packpapier auf einen ebenen Untergrund. Male deine Hände und deine Füße farbig an. Drücke sie fest auf das Papier. Du kannst verschiedene Farbtöne mischen und Muster auf das Papier stempeln. Oder du stempelst zusammen mit deinen Freunden aus Händen und Füßen einen großen Spielkreis. Vergleicht einmal die verschiedenen Abdrücke: Wer hat die größten Füße?

Farbsterne

Für Fortgeschrittene

Du brauchst:

- etwas Wasser
- eine große, flache Glasschale
- Lebensmittelfarbe (verschiedene Farbtöne)
- einen Löffel
- Würfelzucker

Bei diesem Experiment kannst du die Sterne vom Himmel herunterholen. In einer weißen Schale leuchten die zuckersüßen Sterne in allen Farben.

Fülle etwas kaltes Wasser in die Schale und stelle sie auf den Tisch.

Rühre dann die bunten Lebensmittelfarben an. Du brauchst nur wenige Tropfen Farbe für dieses Experiment.

Gib auf jeden Zuckerwürfel einige Tropfen Lebensmittelfarbe.

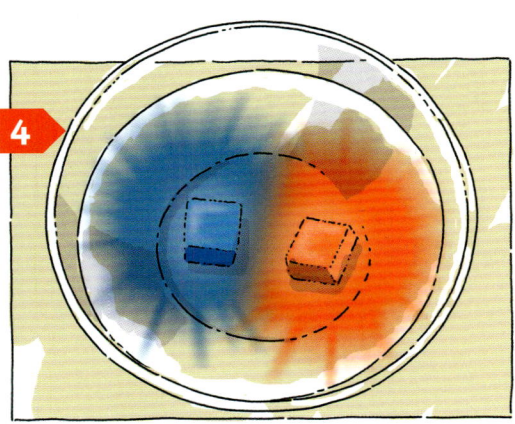

4

Lege die Würfel in die Schale. Lass genug Abstand zwischen den einzelnen Würfeln. Schau genau hin. Was passiert?

??? ▸ **Warum ist das so?**

Der Zucker löst sich im Wasser auf. Er verteilt sich zusammen mit der Lebensmittelfarbe in der Schale. Dabei entstehen bunte Zuckersterne.

Süß!

Zucker wird aus Zuckerrüben oder Zuckerrohr gewonnen. Er ist schon seit vielen Jahrhunderten bekannt und versüßt Speisen und Getränke. Es gibt verschiedene Arten von Zucker, zum Beispiel feinen, weißen Puderzucker oder grobkörnigen, braunen Vollrohrzucker – je nachdem, wie der Zucker verarbeitet wird. Am gesündesten ist es, wenn du Zucker nur selten und in Maßen genießt.

Tausenderlei Bilder

Ein Kaleidoskop zeigt dir unendlich viele Muster und Bilder. Jedes Mal, wenn du hineinsiehst, erblickst du etwas anderes ...

Du brauchst:

- drei Spiegel (z.B. 7 x 20 cm, ca. 4 mm dick; die Spiegel kannst du beim Glaser zuschneiden und die Ränder abschmirgeln lassen)
- Paketklebeband (breit)
- eine Schere
- feste, durchsichtige Folie
- schwarzen Tonkarton
- Klebestreifen
- einige kleine Perlen
- Pailletten
- bunte Sternchen (aus dem Bastelgeschäft)
- silberne und goldene Sternchen

Lege die drei Spiegel so gegeneinander, dass eine dreieckige Röhre entsteht und befestige sie mit dem Paketklebeband aneinander. Die Spiegelflächen zeigen nach innen.

Schneide zwei Dreiecke aus der durchsichtigen Folie und eines aus dem schwarzen Tonkarton. Die Dreiecke müssen größer als die Dreiecke vom „Kopf-" bzw. „Fußende" der Röhre sein.

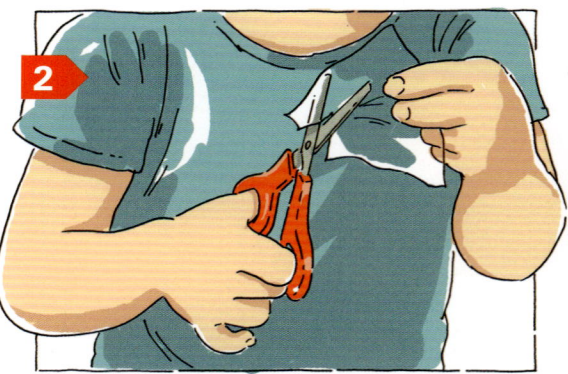

Klebe eines der Folien-Dreiecke vor ein Ende der Röhre.

Lege Sterne, Perlen und Pailletten auf die Dreiecksfolie und befestige darüber das zweite Dreieck. Die Formen müssen sich zwischen den beiden Folien bewegen können.

Schneide ein Guckloch in das Dreieck aus Tonkarton und befestige es am offenen Ende der Röhre. Befestige das Dreieck am Kopfende. Schau durch das Loch in das Kaleidoskop und bewege es dabei: Was siehst du?

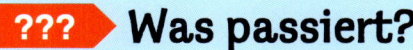 **Was passiert?**

Das Wort *Kaleidoskop* kommt aus dem Griechischen und bedeutet „Schönbildseher". Die Bilder, die du im Kaleidoskop siehst, entstehen durch die Spiegelung des bunten Materials in der Röhre. Bewegst du das Kaleidoskop, verschieben sich die Perlen und Pailletten zu immer neuen Mustern und Bildern.

 **... noch mehr Spaß!**

Bastle doch einmal ein Konfettibild! Male mit Wachsmalstiften ein Bild auf schwarzen Tonkarton. Zum Beispiel ein Kind, das in eine Pfütze springt oder einen Fisch im Wasser. Lege Klarsichtfolie über das Bild und klebe diese hinten an drei Seiten am Tonkarton fest. Stanze mit dem Locher blaues Transparentpapier aus. Gib das entstehende Konfetti durch die offene Seite zwischen Bild und Klarsichtfolie und verschließe dann auch diese Seite. Schüttle das Bild und lass Konfettitropfen regnen.

Bildnachweis

IStock:
S. 11: arlindo 71; **S. 15:** Peter Spiro; **S. 16 (o.):** Andrzej Tokarski; **S. 16 (u.):** Justin Horrocks; **S. 17 (o.):** Edyta Pawlowska; **S. 17 (u.):** Christine Gonsalves; **S. 21:** Vladimir Ivanov; **S. 23:** Dick Stada; **S. 26 (o. l.):** Sergei Popov; **S. 26 (o. r.):** Tomasz Adamczyk; **S. 27 (o. l.):** Marcel Mooij; **S. 27 (o. r.):** Kasia Biel; **S. 27 (u. r.):** Teresa Hurst; **S. 29:** Konrad Lew; **S. 36 (o. l.):** Sasha Martynchuk; **S. 36 (u. r.):** Lane Lambert (Steine); **S. 37 (o.):** Michael Valdez; **S. 39:** Graham Prentice; **S. 41:** Jean Schweitzer; **S. 43:** Klaas Lingbeek-van Kranen; **Titelfoto (Mitte o. l.), Titelfoto (Mitte o. r.), Titelfoto (Mitte u. l.):** Irina Tischenko; **Titelfoto (o. r.):** Sharon Dominick; **Titelfoto (u. l.):** Meredith Mullins; Rückseite (Mitte); **Rückseite (o.):** Graham Prentice; **Rückseite (Mitte):** Vladimir Ivanov; **Rückseite (u.):** Andrzej Tokarski

Avenue-Images:
Titelfoto (Mitte u. r.): Mary-Ella Keith